BA-TA-CLAN

CHINOISERIE MUSICALE

EN UN ACTE

PAROLES DE

M. LUDOVIC HALÉVY

MUSIQUE DE

J. OFFENBACH

Représentée pour la première fois, à Paris, le samedi 29 décembre 1855
sur le Théâtre des Bouffes-Parisiens.

Libretto, Prix : 60 cent.

PARTITION, PIANO ET CHANT, IN-8°, PRIX NET : 5 FR.

PARIS ET L'ÉTRANGER
LÉON ESCUDIER, ÉDITEUR, 21, RUE DE CHOISEUL.

—

1856

BA-TA-CLAN

CHINOISERIE MUSICALE

Représentée pour la première fois, à Paris, le samedi 29 décembre 1855, sur le théâtre des Bouffes-Parisiens.

Paris. — Typ. Morris et Comp., rue Amelot, 64.

BA-TA-CLAN

CHINOISERIE MUSICALE

EN UN ACTE

PAROLES DE

M. LUDOVIC HALÉVY

MUSIQUE DE

J. OFFENBACH

A mon ami Hector Crémieux

Ludovic Halévy.

PARIS ET L'ÉTRANGER
LÉON ESCUDIER, ÉDITEUR, 21, RUE DE CHOISEUL

—

1856

Cet ouvrage ayant été déposé selon la loi et les traités internationaux, tout contrefacteur sera poursuivi.
Les Auteurs et l'Éditeur se réservent toutes traductions.

PERSONNAGES

FÉ-NI-HAN, souverain de Ché-i-no-or. . . . . M. PRADEAU.

KÉ-KI-KA-KO, de la suite de Fé-ni-han. . . . . M. BERTHELIER

KO-KO-RI-KO, capitaine des gardes de Fé-ni-han
et chef de la conjuration. . . . . M. GUYOT.

FÉ-AN-NICH-TON, de la suite de Fé-ni-han. . . . . . Mlle DALMONT.

LE CHŒUR DES CONJURÉS.

BA-TA-CLAN

Le théâtre représente les jardins du palais de Fè-ni-han, avec kiosques et pagodes. — A gauche, sur une estrade recouverte d'un riche tapis, les coussins servant de trône à Fè-ni-han : d'un côté de l'estrade un guéridon portant un bocal de poissons rouges, de l'autre un support pour un pavillon chinois. — A droite et à gauche, au premier plan, deux pliants. — Au milieu, au second plan, deux coussins posés à terre.

SCÈNE PREMIÈRE.

LES CONJURÉS, *puis* KO-KO-RI-KO, *puis* KÉ-KI-KA-KO, *puis* FÉ-AN-NICH-TON, *puis* FÈ-NI-HAN.

Le chœur des Conjurés entre en sautillant au son de la marche jouée par l'orchestre ; il fait le tour de la scène, et va se ranger au fond du théâtre, toujours en sautillant.

Entre Ko-ko-ri-ko, tenant à la main une énorme lance ; il fait également le tour de la scène en sautillant et va se placer devant le chœur des Conjurés.

Entre Ké-ki-ka-ko, tenant une paire de cymbales ; il se place devant le pliant, à gauche.

Entre Fé-an-nich-ton, tenant à la main un triangle ; elle se place devant le pliant, à droite.

Entre Fè-ni-han, portant le chapeau chinois; il s'avance vers le public, en caracolant et se place devant les coussins, au milieu de la scène; d'une ruade, Fè-ni-han ordonne à un des conjurés de le débarrasser de son chapeau chinois; d'une autre ruade, il ordonne à Fè-an-nich-ton et à Ké-ki-ka-ko de s'asseoir; puis il s'assied lui-même sur ses coussins.

QUATUOR CHINOIS.

FÉ-AN-NICH-TON.

Maxalla chapalaxa
Rapataxa rafaxa
Danaraxa fanaxa
Canarata sanaxa.

KÉ-KI-KA-KO.

Bibixi midirixi
Fifilliti grississi
Ripitissi crinissi
Biribixi grissini.

KO-KO-RI-KO.

Molotoro dododo
Donoloxo bococo
Torototo vololo
Dosonoxo rococo.

FÈ-NI-HAN.

Turlunussu punussu
Murlutunu funussu
Turlututu butussu
Cursubutu rutussu.

Les Conjurés écoutent attentivement et paraissent profondément émus du sens de ces paroles. Fè-ni-han se lève.)

FÉ-NI-HAN.

Axaxo tapioca
Macaroni frituro
Priero laco
Ra-ca-hout.

(Fé-an-nich-ton et Ké-ki-ka-ko se lèvent et s'avancent sur le devant de la scène, ainsi que Fé-ni-han et Ko-ko-ri-ko. Tous quatre chantent ce qui suit avec un grand recueillement.)

ENSEMBLE.

Dra! dra! dra!
Dru! dru! dru!
Tra! tra! tra!
Tru! tru! tru!
Cra! cra! cra!
Cru! cru! cru!

(Fé-ni-han, Ké-ki-ka-ko, Fé-an-nich-ton et Ko-ko-ri-ko s'écrient ensuite avec de grands gestes :

Danaxara!
Rafataxa!
Rapatassa!
Canarata!

Ils tombent tous quatre assis sur des coussins que les Conjurés ont préparés derrière eux et se relèvent en mesure. Fé-ni-han redemande par une ruade son chapeau chinois et sort suivi de près par le chef des Conjurés et par les Conjurés, qui lancent sur lui des regards furieux.)

SCÈNE II.

FÉ-AN-NICH-TON, KÉ-KI-KA-KO.

(Restés seuls, Fé-an-nich-ton et Ké-ki-ka-ko se saluent profondément et vont s'asseoir chacun sur son pliant : Fé-an-nich-ton prend sous le tapis de l'estrade du trône un roman illustré à vingt centimes; Ké-ki-ka-ko prend sous son pliant un numéro du journal *la Patrie*; ils lisent gravement pendant quelques secondes en se tournant le dos; mais Ké-ki-ka-ko, entendant un froissement de papier, se lève, et s'approche de Fé-an-nich-ton en tenant à la main son numéro de *la Patrie*.)

KÉ-KI-KA-KO, *voyant le roman de Fé-an-nich-ton.*

Ciel! un roman illustré! vingt centimes la livraison! *la Laitière de Montfermeil!* Paul de Kock!

FÉ-AN-NICH-TON, *se levant et voyant* la Patrie.

Ciel! ce langage! ce numéro de *la Patrie!* un Français!...

KÉ-KI-KA-KO, *saisissant Virginie.*

Une compatriote!... oh! sur mon cœur!... oh! dans mes bras!...

FÉ-AN-NICH-TON, *avec dignité.*

Monsieur...

KÉ-KI-KA-KO.

Quoi!... n'êtes-vous pas la jeune mandarine Fé-an-nich-ton?...

FÉ-AN-NICH-TON.

Quoi!... n'êtes-vous pas le Chinois Ké-ki-ka-ko?

KÉ-KI-KA-KO.

Gâchis des gâchis!... galimatias des galimatias!... elle n'est pas Chinoise!...

FÉ-AN-NICH-TON.

Il n'est pas Chinois!... mais, ô monsieur! vous qui parlez français!... parlez! parlez encore!... parlez toujours!... faites murmurer à mon oreille la douce langue de la patrie!...

KÉ-KI-KA-KO.

Mais, avec plaisir, avec délices, avec ivresse, avec volupté, avec transport, avec rage !... Parler français !... parler français !... Oh ! ma mâchoire ! disloque-toi, démantibule-toi, et livre-toi avec enthousiasme à cet exercice national !... Mais, que pourrais-je bien vous raconter, chère madame ?... Eh ! parbleu ! mon histoire !...

FÉ-AN-NICH-TON.

Une histoire... c'est ordinairement bien ennuyeux !... mais une histoire en français !... Je vous écoute... je vous écoute !...

KÉ-KI-KA-KO.

Le faux Chinois que vous avez devant les yeux est une des plus déplorables victimes des vicissitudes humaines ! Vous pouvez considérer les lamentables débris de ce que fut naguère, jadis, autrefois, l'élégant vicomte Alfred de Cérisy ! Ce gentilhomme, c'est moi, madame, c'est moi-même ! Ex-fashionable du boulevard des Italiens, ex-habitué de la Maison-Dorée, ex-artiste d'un théâtre de mélodrame, ex-directeur d'une troupe de funambules, ex-entrepreneur d'un dîner humanitaire à 90 centimes, ex-auteur constamment sifflé ; enfin, ex-tout ce qu'on peut avoir été, ex...epté millionnaire ; car vous connaissez le proverbe : roule qui mousse n'amasse pas pierre ! Je n'entreprendrai pas de vous narrer mes infortunes parisiennes ! Apprenez seulement que, ruiné dans une dernière entreprise formée au capital de 600,000,000 francs, je dus me résoudre à quitter le macadam ingrat de ma belle patrie. Après avoir réalisé une somme assez rondelette, trois francs soixante-quinze, produit de la vente de mon somptueux mobilier de Boule, je ne la perdis pas. Je partis, c'était le seul qui pût me rester à prendre ! Je cours m'embarquer au Hâvre.... de grâce, écoutez-moi, madame ! On a usé et abusé du récit des tempêtes ! j'aurai pitié de vous ! Sachez cependant que, durant toute la traversée, ce fut la mer qui fut grosse et moi qui eus le mal de mer !...

FÉ-AN-NICH-TON.

Mais comment avez vous obtenu ces hautes fonctions que vous exercez ?

KÉ-KI-KA-KO.

Ah ! je serais bien curieux de l'apprendre ! voici tout ce que je sais ! un jour, aux environs de cette grande ville, entre six et sept heures du matin, sept heures vingt, vingt-quatre ou vingt-six minutes, je fus saisi, lié, garrotté, porté dans ce palais, couvert de ces oripeaux, condamné à ne répéter que trois phrases certainement chinoises dont le sens m'échappe complétement, et à entendre vingt fois par jour le chant de la révolte, le chant du Ba-ta-clan ! C'est odieux ! c'est ignoble ! cela n'a qu'un mérite : c'est vraisemblable ! mais vous, qui êtes vous ?

FÉ-AN-NICH-TON.

Qui je suis ? Une Parisienne de race, monsieur !

COUPLETS.

J'étais aimable, élégante,
 Et jadis
Je brillais, jeune et charmante,
 A Paris !
Je régnais en souveraine,
 Mes beaux yeux
Me donnant une douzaine
 D'amoureux !

Qui me rendra le ciel de ma patrie ?
Qui me rendra ma gaité, ma folie,
  Et les amours
  De mes beaux jours ?

II

Adieu, chants de ma jeunesse,
  Que ma voix
Murmurait avec ivresse
  Autrefois !
Adieu, mes rêves d'enfance !
  Plus d'espoir !
Je ne dois plus, pauvre France,
  Te revoir !
Qui me rendra le ciel de ma patrie ?
Qui me rendra ma gaité, ma folie,
  Et les amours
  De mes beaux jours ?

KÉ-KI-KA-KO.

Ainsi donc vous êtes ?

FÉ-AN-NICH-TON.

Mademoiselle Virginie Durand, chanteuse légère !

KÉ-KI-KA-KO.

Légère, je le crois facilement !

FÉ-AN-NICH-TON.

Je parcourais le céleste empire avec une troupe dramatique dont la noble mission était d'initier messieurs les Chinois aux beautés de notre grand répertoire : *les Huguenots* et *la Dame aux Camélias*, *la Juive* et *les Rendez-vous bourgeois*, *Phèdre* et *Passé minuit*.

KÉ-KI-KA-KO.

C'est tout ?

FÉ-AN-NICH-TON.

A peu près !

KÉ-KI-KA-KO, *indigné*.

Elle oublie *les Deux Aveugles!*

FÉ-AN-NICH-TON.

Moi aussi j'ai été enlevée par les gardes de ce maudit Fè-ni-han, moi aussi j'ai été affublée de ce costume extravagant ; et si j'habitais encore mon petit entresol de la rue de la Chaussée-d'Antin, je pourrais me placer sur mon étagère, en vous prenant pour pendant.

KÉ-KI-KA-KO.

Bien obligé ! mais puisque je vous retrouve, ô toi que je vois pour la première fois ! ma fortune va prendre une face nouvelle ! Parlons de Paris, de nos plaisirs passés, de la Maison-Dorée ! causons ! chantons !

DUO.

KÉ-KI-KA-KO.

Te souviens-tu de la Maison-Dorée,
Où, s'enivrant de champagne et d'amour,
Joyeux essaim, la phalange sacrée
Dansait, chantait et soupait jusqu'au jour ?

KÉ-KI-KA-KO *et* FÉ-AN-NICH-TON.

Souvenir charmant
D'une vie
Qui suivait gaîment
La folie !

C'était le bonheur
   Et l'ivresse!
C'était pour le cœur
   La jeunesse!

KÉ-KI-KA-KO.

Te souviens-tu des polkas de Mabille
Et de la valse au bal de l'Opéra?
Tous ces plaisirs dont Paris, la grand' ville,
A brillé, brille et toujours brillera?

KÉ-KI-KA-KO et FÉ-AN-NICH-TON.

Souvenir charmant
   D'une vie
Qui suivait gaîment
   La folie!
C'était le bonheur
   Et l'ivresse!
C'était pour le cœur
   La jeunesse!

KÉ-KI-KA-KO.

Je n'y tiens plus! le souvenir
De cette existence perdue
De bonheur me fait tressaillir!
Je me sens renaître à ta vue.

FÉ-AN-NICH-TON.

Pour adoucir notre souffrance,
Pour calmer les maux de l'absence,
Chantons les chansons du pays!
Dansons les danses de Paris!

FÉ-AN-NICH-TON et KÉ-KI-KA-KO.

Chantons les chansons du pays!
Dansons les danses de Paris!

FÉ-AN-NICH-TON (*parlé*).

La ronde de Florette!

KÉ-KI-KA-KO (*parlé*).

Avec accompagnement d'orchestre chinois! Faute de mieux!

FÉ-AN-NICH-TON.

COUPLETS.

I

Êtes-vous pauvre et plein d'ardeur?
Par charité, moi, je vous aime!
Êtes-vous riche? eh bien! de même,
Prenez un morceau de mon cœur!
Mais point de tristesse en vos yeux!
Je vous bannis de mon empire!
Toujours chanter et toujours rire!
C'est la loi de mes amoureux!
    Valsons!
    Polkons!
    Sautons!
    Dansons!

II

Vous qui, sur un triste refrain,
Parlez des tourments de votre âme
Et des ardeurs de votre flamme,
Passez, passez votre chemin!
Je n'aime pas le sentiment,
Et moi, Florette, je préfère
Le vin qui mousse dans mon verre,
La chanson qui chante gaîment!

Valsons!
Polkons!
Sautons!
Dansons!

(Kè-ki-ka-ko et Fé-an-nich-ton dansent sur le refrain.)

KÉ-KI-KA-KO.

Ah! notre pauvre vie parisienne! Mais comment échapper à ces horribles tourments? (*Solennellement.*) Madame, as-tu du cœur?

FÉ-AN-NICH-TON, *gravement*.

Tout autre qu'un Français l'éprouverait sur l'heure!

KÉ-KI-KA-KO.

Elle a fait ses classes!... Alors jouons le tout pour le tout! J'ai déjà échoué dans dix-huit tentatives d'évasion, je risque la dix-neuvième!

FÉ-AN-NICH-TON.

Mais si nous sommes surpris!

KÉ-KI-KA-KO.

C'est la mort! On me l'a bien promis!

FÉ-AN-NICH-TON.

Hélas!

KÉ-KI-KA-KO.

Tu trembles!

FÉ-AN-NICH-TON.

Eh bien! non! Fuyons!

KÉ-KI-KA-KO.

Fuyons, et sans perdre une seconde! Fé-ni-han et les conjurés s'avancent de ce côté! Fuyons de celui-ci et reprenons pour nous donner du cœur!

KÉ-KI-KA-KO et FÉ-AN-NICH-TON.

Valsons!
Polkons!
Sautons!
Dansons!

(Ils sortent à gauche en chantant et en dansant.)

SCÈNE III.

FÉ-NI-HAN, KO-KO-RI-KO, LES CONJURÉS.

(Fé-ni-han rentre à droite poursuivi par les conjurés qui lui jettent des regards furieux ; Ko-ko-ri-ko est à leur tête.)

FÈ-NI-HAN *à Ko-ko-ri-ko*.

Raca! Raca! Raca!

(Fé-ni-kan accompagne toujours ce mot d'une ruade désespérée; Ko-ko-ri-ko, bien qu'ébranlé par la vigueur de cet ordre, ne s'éloigne pas. Fe-ni-han lui souffle alors violemment sur le visage, Ko-ko-ri-ko recule. Fé-ni-han agite avec énergie son chapeau chinois,-Ko-ko-ri-ko n'ose plus résister; il sort avec les conjurés.)

SCÈNE IV.

FÈ-NI-HAN, seul.

(Fè-ni-han, épuisé par cette lutte contre la sédition, tombe épuisé sur ses coussins, pousse un effroyable rugissement, et répète d'un ton lugubre :)

Raca! Raca! Raca! (*Puis il se lève, et s'avançant sur le milieu de la scène.*) Sang et tonnerre! (*Il agite violemment son chapeau chinois.*) O avilissement et profanation de la dignité humaine! Opprobre! Misère! Infamie! Lâcheté! Perfidie! Trahison! (*Un nouveau geste très-énergique fait sonner le chapeau chinois.*) Avoir une âme immortelle, se nommer Anastase Nourrisson, avoir vu pour la première fois le soleil sur la grande place de Brives-la-Gaillarde, et régner sous le nom de Fè-ni-han et sur un peuple de Chinois! (*Ici nouveau geste qui secoue plus vivement encore le chapeau chinois : exaspéré de ce tapage, Fè-ni-han porte l'instrument dans le support placé près du trône.*) Rébus des Rébus! Logographe des Logogriphes! Et si j'exerçais tranquillement le pouvoir souverain! Mais non! une terrible conjuration vient compromettre le savant équilibre de mes coussins! La foudre est sur ma tête, et je vais être privé du secours de mon talisman : Raca! Ces deux syllabes et ma ruade magique, mon salut, ma force, mon espérance perdent leur influence sur l'imagination de mon peuple! Il y a encore six mois, je m'écriais de ma voix la plus douce et de ma ruade la plus gracieuse: Raca! Raca!... J'étais obéi! Que les temps sont changés! Aujourd'hui si je m'écrie de ma voix la plus formidable et de ma ruade la plus énergique : Raca! Raca! les conjurés **me** répondent par le chant du Ba-ta-clan! (*Avec désespoir.*) Le Ba-ta-clan!... (*Au public.*) Vous ne le connaissez pas!... Non!... Eh bien ce n'est pas moi qui vous le chanterai! O ma chère liberté, quand te retrouverai-je! Oh! les clochers de Brives la Gaillarde, quand, quand me sera-t-il donné de vous presser dans mes bras émus? Oh! les vallons suspendus au-dessus des montagnes et les montagnes abritées par les vallons! Oh! les prairies artificielles, les horizons se perdant dans les nuages, les mille voix de la création, la chute des feuilles et les irrigations par le drainage! Oh! tout ce qui va, vient, court, grouille et barbotte, les veaux, les bœufs, les ânes, les oies, les poules, les génisses, les taureaux, les canards et les lapins!

(A ce moment entre Ko-ko-ri-ko, qui s'approche de Fè-ni-han sans être vu de lui.)

Oh! tout ce qui verdoie, fleurit et fructifie : artichauts et modestes violettes, asperges et roses printanières, navets et dahlias bleus, melons, jasmins, carottes, haricots, aubépines odorantes, quand vous reverrai-je?

(Ko-ko-ri-ko pose sa main sur l'épaule de Fè-ni-han. Violents murmures dans la coulisse.)

SCÈNE V.

FÈ-NI-HAN, KO-KO-RI-KO.

FÈ-NI-HAN.

Ciel! m'aurait-il entendu? Le malheureux! je peux lui parler français! Il ne me comprendra pas! Je peux l'injurier dans ma langue maternelle! Injurions-le! Injurions-le! (*Fè-ni-han lui souffle deux ou trois fois sur le visage : Ko-ko-ri-ko fait d'affreuses grimaces.*) Je n'aurai donc pas le courage de t'étrangler un beau matin! vieux Chinois! Vieil as de pique! Vieille potiche! (*Ko-ko-ri-ko ouvre la bouche sans parler.*) Il ouvre la bouche! Que va-t-il me chanter, mon Dieu! (*On entend dans la coulisse les murmures du peuple.*) Des murmures! Encore une condamnation à mort! Ce monsieur va me la demander en italien sur des paroles chinoises! Puisqu'il le faut, allons y gaîment!

DUO.

KO-KO-RI-KO.

O Fè-ni-han, Ké-ki-ka-ko,
Fé-an-nich-ton, morto, morto!

FÉ-NI-HAN.

Raca!

KO-KO-RI-KO.

Morto!

FÉ-NI-HAN.

Raca!

KO-KO-RI-KO.

Morto!

FÉ-NI-HAN.

Raca!

KO-KO RI-KO.

Morto!

FÉ-NI-HAN.

Ah! quel horrible personnage!
Avec sa lance et son langage
Il me fait mourir de frayeur!
Ah! que j'ai peur! ah! que j'ai peur!
Mais n'excitons pas sa colère,
   Et pour lui plaire,
Parlons-lui sur le même ton,
      Dans son jargon!
Morto! morto! morto!

KO-KO-RI-KO.

Morto! morto! morto!

KO-KO-RI-KO et FÉ-NI-HAN.

Morto! morto!
Poi...rdato!
Étr...glato!
Découpato!
Embrochato!
Déchirato!
Empalato!
Fé-an-nich-ton!
Ké-ki-ka-ko!
La morto!

(On entend au loin le chant du *Ba-ta-clan*.)

KO-KO-RI-KO.

O Fè-ni-han!
Le Ba-ta-clan!

FÉ-NI-HAN.

Le Ba-ta-clan!
Chantez bien fort!
Chantez ma mort!

BA-TA-CLAN.

>Ma pauvre vie
>Vous fait envie!
>Eh bien, venez!
>Frappez! frappez!

REPRISE DE L'ENSEMBLE.

>Morto! morto!
>Poignardato!
>Étranglato!
>Découpato!
>Embrochato!
>Déchirato!
>Empalato!
>Fé-an-nich-ton!
>Ké-ki-ka-ko!
>La morto!

SCÈNE VI.

Les Mêmes, KÉ-KI-KA-KO, FÉ-AN-NICH-TON et LES CONJURÉS.

(Les Conjurés amènent captifs Ké-ki-ka-ko et Fé-an-nich-ton; ils font un geste terrible en les désignant chaque fois que Ko-ko-ri-ko répète : Morto!)

QUATUOR.

KO-KO-RI-KO, *montrant Fé-an-nich-ton et Ké-ki-ka-ko.*

>Morto!

FÉ-NI-HAN.

>Les affreuses grimaces!

KO-KO-RI-KO.

>Morto!

FÉ-NI-HAN.

>Les horribles menaces!

KO-KO-RI-KO.

Morto!

FÉ-NI-HAN.

Ils demandent leur mort!

KO-KO-RI-KO.

Morto!

FÉ-NI-HAN.

Je ne puis les soustraire à cet horrible sort.

(Il consent par un geste au supplice des deux prisonniers, puis il monte sur son estrade, s'assied sur ses coussins, et donne à manger à ses poissons rouges en leur envoyant des baisers.)

FÉ-AN-NICH-TON, à Ké-ki-ka-ko.

Alfred, ô mon ami!
Pour nous tout est fini!

KÉ-KI-KA-KO, à Fé-an-nich-ton.

L'épouvantable fête
De notre mort s'apprête!

FÉ-AN-NICH-TON.

Sachons, du moins, mourir avec courage,
A la barbe de ces Chinois,
Et méprisant leur fureur et leur rage,
Chantons pour la dernière fois,
Chantons la ronde de Florette!

KÉ-KI-KA-KO.

Chanter en ce moment affreux,
Quand le poignard est sur ma tête!

FÉ-AN-NICH-TON.

Je suis Française et je le veux!

KÉ-KI-KA-KO.

Quoi! vous voulez?

FÉ-AN-NICH-TON.

Oui, je le veux !

(Stupéfaction de Fè-ni-han, qui entend Fé-an-nich-ton et Ké-ki-ka-ko parler français; il reste immobile sur ses coussins, écoutant et regardant.)

FÉ-AN-NICH-TON et KÉ-KI-KA-KO.

Valsons !
Sautons !
Polkons !
Dansons !

(Fè-ni-han descend de son estrade et s'approche en dansant de Fé-an-nich-ton et de Ké-ki-ka-ko ; dès qu'ils ont cessé de chanter, il passe sa tête entre leurs deux têtes et s'écrie :)

FÈ-NI-HAN.

Quoi ! vous parlez français !

KÉ-KI-KA-KO et FÉ-AN-NICH-TON.

Ciel ! il parle français !

FÈ-NI-HAN, *désignant les Conjurés.*

Chut ! Ils sont encor là !
Raca ! raca ! raca !

(Les Conjurés, après avoir résisté quelque temps aux Raca ! aux ruades et aux grimaces de Fè-ni-han, se retirent avec des gestes terribles. Fè-ni-han revient du fond de la scène en sautillant gaîment, et se place entre Fé-an-nich-ton et Ké-ki-ka-ko.)

SCÈNE VII.

LES MÊMES, *moins* KO-KO-RI-KO *et les* CONJURÉS.

TRIO.

FÈ-NI-HAN.

Je suis Français !

KÉ-KI-KA-KO.

Je suis Français !

FÉ-AN-NICH-TON.

Je suis Française!

FÉ-NI-HAN.

Ils sont Français!

KÉ-KI-KA-KO.

Il est Français!

FÉ-AN-NICH-TON.

Il est Français!

ENSEMBLE.

Entre nous plus de secrets,
Je suis! il est! nous sommes tous Français!

FÉ-NI-HAN.

Je demande une chaise!

FÉ-AN-NICH-TON et KÉ-KI-KA-KO, *avec sentiment.*

Il demande une chaise!

FÉ-NI-HAN.

De bonheur, je me sens mourir,
Et je pourrais m'évanouir!
Je suis mal à mon aise!

REPRISE DE L'ENSEMBLE.

FÉ-AN-NICH-TON.

Il est Français!

KÉ-KI-KA-KO.

Il est Français!

FÉ-NI-HAN.

Nous sommes tous Français

KÉ-KI-KA-KO.

Ainsi donc, seigneur Fè-ni-han...

FÉ-NI-HAN.

Ne m'appelez plus de ce nom détesté!

FÉ-AN-NICH-TON.

Et quel titre vous donner?

FÈ-NI-HAN.

Aucun! Aucun! appelez-moi môssieu! Appelez-moi butor! Appelez-moi âne, si vous voulez! mais ne m'appelez plus Fè-ni-han!

FÉ-AN-NICH-TON.

Vous êtes pourtant ce grand prince qui...

FÈ-NI-HAN.

Non, cent fois non!

FÉ-AN-NICH-TON.

Vous êtes pourtant ce grand prince que...

FÈ-NI-HAN.

Non! mille foi non! Ma foi, tant pis! j'éclate! Non! je ne suis pas ce grand prince qui, ni même ce grand prince que! Je suis Anastase Nourrisson, et voilà tout! Oui, mes amis! Oui, cher Ké-ki-ka-ko...

KÉ-KI-KA-KO *l'interrompant.*

Cérisy!

FÈ-NI-HAN.

Cérisy!

KÉ-KI-KA-KO.

De Cérisy!

FÈ-NI-HAN.

De Cérisy!

KÉ-KI-KA-KO.

Alfred de Cérisy!

FÈ-NI-HAN.

Alfred de Cérisy!

KÉ-KI-KA-KO.

Le vicomte Alfred de Cérisy!

FÉ-NI-HAN.

Le vicomte Alfred de Cerisier, si cela peut vous être agréable!

KÉ-KI-KA-KO, *impatienté.*

Cérisy!

FÉ-NI-HAN.

Ah! Cérisy! Je me trompais de branche, voilà tout. Oui, cher vicomte Alfred de Cérisy; oui, chère Fé-an-nich-ton...

FÉ-AN-NICH-TON, *l'interrompant.*

Virginie Durand!

FÉ-NI-HAN.

Oh! Virginie! un petit nom français; je l'aime mieux! Virginie! Quelle ivresse! (*La serrant dans ses bras.*) Embrassons-nous, Folleville!

KÉ-KI-KA-KO.

Eh bien! monsieur Nourrisson, du calme!

FÉ-NI-HAN.

Oui, cher de Cerisier!...

KÉ-KI-KA-KO, *exaspéré.*

Cérisy! Cérisy!

FÉ-NI-HAN.

Je prends toujours le noyau à côté!... Oui, cher de Cérisy, Français sous des habits de Chinois! oui, chère Virginie, Française sous des habits de Chinoise! Oui, mes amis! oui mes compatriotes! car vous êtes, de Cérisy, Virginie, mes amis, mes compatriotes! Je n'ai jamais su ni pourquoi ni comment! mais cela m'est bien égal! Ah! vous avez cru que je descendais des augustes souverains de ce pays, et que je régnais et par droit de conquête, et par droit de naissance! Ah bien, ouiche! (*Solennellement.*) Né à Brives-la-Gaillarde, le premier... (*Fé-an-nich-ton et Ké-ki-ka-ko lui tournent immédia-*

tement le dos.) Non ! non ! rassurez-vous ! je ne vous conterai pas mon histoire ! j'arrive droit au dénoûment ! il est lugubre ! Je fus traîné, il y a huit ans, devant le prince Fè-ni-han, le vrai, le seul, l'unique...

KÉ-KI-KA-KO.

L'eunuque !

FÈ-NI-HAN, *plus haut.*

L'unique...

KÉ-KI-KA-KO, *plus haut.*

L'eunuque.

FÈ-NI-HAN, *plus haut.*

Nique.

KÉ-KI-KA-KO, *plus haut.*

Nuque.

FÉ-AN-NICH-TON.

Assez ! assez ! assez !

FÈ-NI-HAN.

Celui dont je ne suis qu'une déplorable contrefaçon ! (*Changeant de place.*) Venons par ici, nous serons mieux ! (*Avec l'accent marseillais.*) Étranger, me dit-il en excellent français, mais avec la prononciation marseillaise, il avait de l'accent, il avait beaucoup d'accent ! — Veux-tu être empalé ? — J'eus le courage de répondre : Oh ! non ! (*Changeant de place.*) Venons par ici, nous serons mieux ! (*Reprenant.*) Eh bien ! il n'est pour toi qu'un moyen d'échapper à la mort ! L'acceptes-tu, Bagasse ? — Oh oui ! — Alors, prends cette robe, ce bonnet, ces sonnettes, le nom de Fè-ni-han, ces coussins, ce chapeau chinois, ces poissons rouges, et règne à ma place, tr..un de l'air ! (*Changeant de place.*) Venons par ici, nous serons mieux ! (*Reprenant.*) Je voulus me récrier, mais le pal était là ! Un pal acéré, pointu, qui aurait produit dans mon individu les plus cruels ravages ! Je montai sur ces coussins ! Que j'ai souffert en ces huit années ! mes cheveux en ont blanchi !

KÉ-KI-KA-KO, *lui touchant le front.*

Vous n'en avez pas !

FÈ-NI-HAN.

C'est une figure !

KÉ-KI-KA-KO.

Vous voulez dire un genou !

FÈ-NI-HAN.

Tu fais des mots ! Ah ! tu fais des mots !... mais tous les miens sont terminés, puisque je te rencontre, ô Alfred de Cérisy !

KÉ-KI-KA-KO.

Vous êtes bien honnête, mais que puis-je faire pour vous ?

FÈ-NI-HAN.

Ce que tu peux faire pour moi ! Toi, mon héritier !

KÉ-KI-KA-KO.

Votre héritier ! allons donc !

FÈ-NI-HAN.

Ne perds pas le respect ! Eh ! là-bas ! Oui, je vais te transmettre mon autorité souveraine, tu me succèdes sur ces coussins, et je retourne à Brives-la-Gaillarde.

KÉ-KI-KA-KO.

Je refuse catégoriquement.

FÈ-NI-HAN.

Monsieur le vicomte Alfred de Cérisy, le pal dont le vrai Fè-ni-han avait l'odieuse barbarie de me menacer est aujourd'hui en ma puissance ! seulement je l'ai fait dorer ! Il est toujours aussi pointu ce pal !

KÉ-KI-KA-KO.

Infortuné !

FÈ-NI-HAN.

Cette considération est déterminante ! je te laisse

d'ailleurs un état calme (*murmures du peuple*), tranquille et prospère, composé de quarante-sept sujets tous laids, désagréables (*murmures plus violents*) et grincheux !

FÉ-AN-NICH-TON.

Cette sédition cependant ?

FÈ-NI-HAN, *naturellement*.

Ah ! je l'oubliais ! Mais c'est contre le souverain seul qu'elle est dirigée, et dès que tu auras revêtu les insignes du pouvoir que j'ai hâte de te remettre, c'est sur toi seul que tombera toute la colère des conjurés.

FÉ-AN-NICH-TON.

Mais d'où vient cette conjuration ?

FÈ-NI-HAN.

De mon ignorance absolue de la langue du pays que je gouverne avec habileté depuis huit ans. Il y a trois mois, tout mon peuple se réunit autour de moi avec hurlements, sifflements et glapissements ! Je ne comprenais pas ! cependant je reconnus que ces bruyantes manifestations s'adressaient à cinq indigènes se tenant au premier rang. On me demandait quelque chose, mais quoi, quoi, quoi ?...

KÉ-KI-KA-KO.

Ah ! voilà !

FÈ-NI-HAN.

Il fallait prendre un parti, un grand parti ! Zoroastre ayant dit : « Dans le doute, empale toujours ! » Je fis empaler ces cinq malheureux !... sur le pal dont je te parlais, Cérisy !

KÉ-KI-KA-KO.

Il a déjà servi ?

FÈ-NI-HAN.

Toujours avec succès !... Ils n'en revinrent pas ; mais

j'avais commis une déplorable erreur ! Le croirez-vous ? c'étaient les cinq plus vertueux et plus honorables habitants de l'empire, pour lesquels on me demandait une haute récompense nationale ! Je les avais pris pour des voleurs dont on réclamait le châtiment ! J'avais empalé ! De là ce soulèvement parfaitement légitime dont je te transmets la jouissance, ô Alfred de Cérisy !

KÉ-KI-KA-KO.

Eh bien ! vous m'offrez-là une jolie succession ! Tenez... (*Il veut lui prendre le bras.*)

FÈ-NI-HAN, *le repoussant.*

Qu'est-ce que c'est ?

KÉ-KI-KA-KO, *voulant lui prendre de nouveau le bras.*

Oui, tenez...

FÈ-NI-HAN, *s'éloignant de lui.*

Raca ! raca !

KÉ-KI-KA-KO.

Ah ça ! voyons ! ne me faites donc pas poser !

FÈ-NI-HAN.

Tiens ! c'est vrai ! un compatriote !

KÉ-KI-KA-KO.

Toutes réflexions faites...

FÈ-NI-HAN.

Tu acceptes !

KÉ-KI-KA-KO.

Non, je refuse.

FÈ-NI-HAN.

Ah ! bah !

KÉ-KI-KA-KO.

Mon Dieu, oui !

FÈ-NI-HAN.

Eh bien, moi, toutes réflexions également faites, je t'empale !

KÉ-KI-KA-KO.

Vous tenez à l'empalement ?

FÉ-NI-HAN.

Mon Dieu, oui !

KÉ-KI-KA-KO.

Alors, je cours me joindre aux révoltés ! ils sont quarante-sept, je serai le quarante-huitième !

FÉ-NI-HAN.

Arrête ! arrête !

KÉ-KI-KA-KO.

J'arbore l'étendard de la révolte et j'entonne le chant du *Ba-ta-clan !*

FÉ-NI-HAN.

N'arbore pas ! n'entonne pas, malheureux ! tu appelleras les conjurés.

KÉ-KI-KA-KO.

J'entonne !

FÉ-NI-HAN.

N'entonne pas !

KÉ-KI-KA-KO.

J'entonne !

FÉ-NI-HAN.

Mais, si tu entonnes, j'entonne aussi ! Je me connais, moi ! ce chant est tellement enlevant, tellement empoignant, que dès que je l'entends, je le chante moi-même contre moi-même.

KÉ-KI-KA-KO.

En avant le *Ba-ta-clan !*

FÉ-NI-HAN.

Allons ! en avant le *Ba-ta-clan !*

(Fé-ni-han prend son chapeau chinois, Ké-ki-ka-ko ses cymbales, Fé-an-nich-ton son triangle.)

FINAL.

FÈ-NI-HAN, FÉ-AN-NICH-TON, KÉ-KI-KA-KO.

I

Le chapeau chinois, le trombonne,
Le triangle, le tambourin,
Le saxhorn et le saxophone
Hurlent de Nankin à Pékin :
    Ba-ta-clan !
    Ba-ta-clan !
    Fè-ni-han !
    Fich-ton-kan !

II

Habitants du Céleste Empire,
Levez votre antique étendard !
Ce n'est pas le moment de rire,
Prenez la torche et le poignard !
    Ba-ta-clan !
    Ba-ta-clan !
    Fè-ni-han !
    Fich-ton-khan !

FÈ-NI-HAN, *écoutant*.

Écoutez ! les voici ! c'est mon heure dernière !
    Rien ne peut me soustraire
    A ce triste trépas !
A ma mort, je le sens, je ne survivrai pas !

KÉ-KI-KA-KO.

Il s'agit de montrer de l'aplomb,

FÉ-AN-NICH-TON.

              Du courage !

FÈ-NI-HAN.

Que je voudrais m'échapper de ces lieux !
Oui, dans *les Huguenots !* mes amis, avec rage,
    Chantons comme des furieux !

(Entrent le Chef des Conjurés et les Conjurés, parvenus au dernier
degré de l'exaspération. Fè-ni-han, Fé-an-nich-ton et Ké-ki-ka-ko

marchent à leur rencontre, en se tenant unis tous trois et en mêlant le refrain du *Bataclan* au choral du cinquième acte des *Huguenots* : *Hosannah ! mort je t'aime !* Un des Conjurés les interrompt en apportant à Fè-ni-han, sur un plateau d'argent, une grande lettre cachetée de rouge.)

FÈ-NI-HAN.

Quésaco ?

KÉ-KI-KA-KO.

C'est une lettre,

FÉ-AN-NICH-TON.

Qu'entre vos mains,

KÉ-KI-KA-KO.

Il vient de remettre.

FÈ-NI-HAN, *parlé*.

Lisons l'adresse ! A monsieur, monsieur Anastase Nourrisson, dit Fè-ni-han, en son palais, de la part de Ko-ko-ri-ko, chef des conjurés.

FÈ-NI-HAN.

Il sait son nom !

KÉ-KI-KA-KO *et* FÉ-AN-NICH-TON.

Il sait son nom !

ENSEMBLE.

Destin fatal !

FÈ-NI-HAN, *battant la mesure.*

(*Parlé.*) Une !

(*Chanté.*) Quel est donc !

KÉ-KI-KA-KO, *de même.*

(*Parlé.*) Une ! Deux !

(*Chanté.*) Ce mystère !

(*Parlé.*) Une ! Deux ! Trois !

(*Chanté.*) Ce mystère !

KO-KO-RI-KO, *s'avançant vers le public.*

(*Parlé.*) Une ! Deux ! Trois ! Quatre !

(*Chanté.*) Infernal !

FÈ-NI-HAN, *parlé.*

Brisons le sceau ! (*Il décachète la lettre.*) Lisons ! (*Pendant toute cette lecture Ko-ko-ri-ko se tient debout à droite sur le devant de la scène, conservant une figure impassible.) « O Fè-ni-han, grand idiot. »

KÉ-KI-KA-KO, *à Fè-ni-han.*

C'est pour vous !

FÈ-NI-HAN, *avec dignité.*

Je m'en flatte ! je suis connu ! (*Continuant la lecture.*) « J'ai tout découvert, j'ai ton secret et je tiens ta vie entre » mes mains ! Anastase Nourrisson est ton nom ! Brives-la- » Gaillarde ta patrie ! Je peux te livrer au supplice, ainsi » que le faux Fè-ni-han et la fausse Ké-ki-ka-ko. » (*S'interrompant.*) Mes enfants, ceci vous regarde ! (*Reprenant.*) « Mais je serai généreux... »

FÉ-AN-NICH-TON, *émue.*

Mais il sera gé...

KÉ-KI-KA-KO, *ému.*

Né...

FÈ-NI-HAN, *ému.*

Reux !

(*Tous trois ensemble, très-lentement.*)

Mais il sera généreux !

FÈ-NI-HAN, *continuant.*

« Car j'ai vu le jour rue Mouffetard..... »

KO-KO-RI-KO, *sur le motif du trio.*

Je suis Français.

FÈ-NI-HAN, FÉ-AN-NICH-TON, KÉ-KI-KA-KO.

Il est Français.

ENSEMBLE.

Nous sommes tous Français.

FÈ-NI-HAN, *reprenant la lecture.*

« Car j'ai vu le jour rue Mouffetard, au quatrième étage, maison de la blanchisseuse... »

KÉ-KI-KA-KO.

La blanchisseuse.

FÈ-NI-HAN.

Tu la connais ?

KÉ-KI-KA-KO.

Parbleu ! je lui dois sept francs cinquante !

FÈ-NI-HAN.

Chut ! je n'en dirai rien ! (*Reprenant.*) « Je dois..... » (*S'interrompant.*) Il doit aussi lui ! (*Reprenant.*) « Je » dois T. S. V. P... je dois T. S. V. P... »

FÉ-AN-NICH-TON.

C'est-à-dire tournez s'il vous plaît !

FÈ-NI-HAN.

Ah très-bien ! je dois tourner s'il vous plaît ! tournons ! (*Reprenant.*) « Je dois épargner mes compatriotes ! Si » vous avez grand désir de revoir votre patrie ! moi je » n'ai d'autre ambition que de prendre ta place, Fè-ni-» han, et de fainéantiser vingt-quatre heures par jour sur » tes coussins ! » (*S'interrompant.*) Fè-ni-han, va ! (*Reprenant.*) « Donc ce soir je protége votre fuite, mais il » me faut sauvegarder avant tout ma dignité de conjuré ; » aussi conserverai-je jusqu'au dénoûment ma lance, » mes yeux flamboyants et ma mine rébarbative. » (*Fè-ni-han le regardant.*) Il est affreux ! (*Reprenant.*) « Ce » ne sera que pour la frime ! ne craignez rien ! et quand » vous entendrez trois coups de canon, partez, une chaise » de poste vous attendra sur la route de Pékin ; les relais » sont préparés jusqu'à Pantin ! Bon voyage ! » Signé KO-KO-RI-KO, le chef des conjurés.

FÈ-NI-HAN, FÉ-AN-NICH-TON, KÉ-KI-KA-KO.

Sauvés ! sauvés !

(On apporte une grosse caisse à Ko-ko-ri-ko. Fè-ni-han, Fé-an-nich-ton et Ké-ki-ka-ko reprennent chacun leurs instruments.)

KÉ-KI-KA-KO.

Maintenant
En avant
Le noble chant
Du Ba-ta-clan!

TOUS.

FÉ-AN-NICH-TON, FÉ-NI-HAN, KÉ-KI-KA-KO, KO-KO-RI-KO.

III

De notre trompette éclatante
Entendez retentir le son,
Prenez la lance étincelante!
En avant, dragons de carton!

(Ko-ko-ri-ko frappe trois coups sur sa grosse caisse.)

FÉ-NI-HAN.

C'est le canon de délivrance

KÉ-KI-KA-KO.

C'est l'heure de la délivrance!

FÉ-AN-NICH-TON.

En route pour la France!

KO-KO-RI-KO.

A moi le trône et la puissance!

(Ko-ko-ri-ko monte sur le trône. Ké-ki-ka-ko, Fé-ni-han, Fé-an-nich-ton défilent devant lui suivis des Conjurés, en déposant leurs instruments à ses pieds et en reprenant le refrain du Ba-ta-clan.)

TOUS.

Ba-ta-clan!
Ba-ta-clan!
Fé-ni-han!
Fich-ton-khan!

FIN.

Paris. — Imprimerie Morris et Comp., rue Amelot, 64.

CATALOGUE DES OPÉRAS ITALIENS ET FRANÇAIS

Qui sont la propriété de Léon Escudier, 21, rue Choiseul.

Partitions Françaises

PIANO ET CHANT

GRAND FORMAT

	Prix nets fr.
G. Verdi. Les Vêpres Siciliennes (5 actes)	30
G. Verdi. Jérusalem (4 actes)	40
G. Donizetti. Dom Sébastien (5 actes)	40
A. Thomas. Angélique et Médor (1 acte)	8

Format in-8°

Albert Grisar. Bonsoir, M. Pantalon ! (1 acte)	7
G. Donizetti. Elisabeth, drame lyrique en trois actes	12
J. Offenbach. Ba-Ta-Clan, chinoiserie musicale (1 acte)	5
A. Thomas. Le Caïd (2 actes)	12
A. Thomas. La Tonelli, opéra-comique en 2 actes	12
A. Thomas. Le Songe d'une nuit d'été (3 actes)	12
A. Thomas. Raymond ou le Secret de la Reine (3 actes)	15
G. Verdi. Attila (4 actes)	12
G. Verdi. Les deux Foscari (4 a.)	12
G. Verdi. Le Proscrit (*Ernani*) (4 actes)	12
G. Verdi. Le Trouvère (4 actes)	12
G. Verdi. Jérusalem (4 actes)	15
— Louise Miller (4 act.)	15
G. Rossini. Othello, édition de l'Opéra (3 actes)	10
L. Clapisson. Gibby la Cornemuse (3 actes)	15
A. Adam. Cagliostro (3 actes)	12
A. Adam. Richard en Palestine (3 actes)	12
Beethoven. Les Ruines d'Athènes	5

Partitions Italiennes

PIANO ET CHANT

GRAND FORMAT

	Prix nets fr.
G. Verdi. Ernani (4 actes)	30
G. Verdi. I Due Foscari (3 actes)	30
G. Verdi. Giovanna d'Arco (4 a.)	30
G. Verdi. Il Finto Stanislao (3 a. bouffe)	30
G. Verdi. Alzira (3 actes)	30
G. Verdi. Oberto di San Bonifacio (3 actes)	30
Mercadante. Leonora (3 actes)	30

Format in-8°

G. Verdi. Luisa Miller (3 actes)	12
G. Verdi. Ernani (4 actes)	12
G. Verdi. I Due Foscari (3 actes)	12
G. Verdi. Attila (4 actes)	12
G. Verdi. Macbeth (4 actes)	12
G. Verdi. I Lombardi (4 actes)	12
G. Verdi. I Masnadieri (4 actes)	12
G. Verdi. Il Corsaro (3 actes)	12
G. Verdi. La Traviata (3 actes)	12
G. Verdi. Giovanna d'Arco (3 a.)	12
G. Verdi. Il Trovatore (4 actes)	12
G. Verdi. Rigoletto (3 actes)	12
G. Verdi. Stiffelio (3 actes)	12
G. Pacini. La Fidanzata Corsa (4 actes)	12
Gagnoni. Don Bucephalo (3 act.)	12
Pedrotti. Fiorina, semi-seria (2 actes)	12

Paris, Typ. Morris et comp., rue Amelot, 64.

www.ingramcontent.com/pod-product-compliance
Lightning Source LLC
Chambersburg PA
CBHW060458050426
42451CB00009B/716